George Mackay

Gaelic and English Elegies

George Mackay

Gaelic and English Elegies

ISBN/EAN: 9783743414754

Manufactured in Europe, USA, Canada, Australia, Japa

Cover: Foto ©ninafisch / pixelio.de

Manufactured and distributed by brebook publishing software
(www.brebook.com)

George Mackay

Gaelic and English Elegies

ELEGIES

BY THE LATE

GEORGE MACKAY,

ROSTER.

PRINTED BY JOHN GEORGE, PULTENEYTOWN.

———

1863.

GAELIC ELEGIES,

IN MEMORY OF THE WORTHIES WHOSE NAMES WILL BE SEEN IN EACH
ELEGY AS THEY WILL BE READ.

Composed between the years 1829 and 1861, by GEORGE MACKAY, Ruster.

MARBHRAINN,

AN AN CHUINE AIR A MHUINTAIR FHUIGAL AG AM BHEAL AN AINMIBD
ANS GATH DANN, MAR A LEABHAIR AID AIR AN DHEALBH EADAR
A BHLIAN 1829 AGUS A BHLIAN 1861, LE S. M'OIE.

Marrbh-rann do Ioseph Macoie, Fear ceusnich Diabhidh bha do thambh an a m-Brubast Sgire, Mheiradh 'n-Galladh.

She sho an ni thair 'm-air an-rasd,
Na'n dugadh abhair cuidachadh,
Bhi togal cuinne an an tearc do rainn,
Air Ioseph Macoie bha 'm-Brubast.

Bu lionmhor trioblaid air sgath Chriost,
An dunne a Diabhiadh dhullig e,
Ach chrun E nis e stidh an glor,
Dheadh mullach mor 'n an tonnan ud.

Gad bu bhairdibh 's-an taobh tuadh,
Bulce an shluaigh mar sheasas aid ;
Thigibh aid goiraid air do chludh
Oir cha e dhubh do bhreanachadh.

Is iomadh dual bha air do chludh,
Rofhui-al gu bhi g-airais oir,
Do Dhiadhachd tellan is do dhealbh,
Bha smear na h-Alba co-sheasadh ant.

Sann a fhuar u tarrach og,
An a 'n coman beo n'an arichean,
'S-dar thog E aids a bhar do chean,
Lean us an lorg an deach E loth.

Thuar aid ainne do da thaobh,
Nan' commun dlu ri flathanas
Gu 'mbe do gharms dhol troidh na gleann,
Do thinal claun an sheacharain.

Chadh ro u easuild do 'n-aslic naombh's,
Oir dhindrig u sa cheasna-chadh
Na tionaish dhilis air taobh Chriost,
'Sna hull adh tire na thachair u.

Sann a Mearadh shin u'ntos,
Ri gearm gach shorse gu airachas,
Oir nach rodh 'n cuan cho lan do shal ;
'S bha Righ nan ghras do mhaitachais.

Dhruidh do theachderachd air parst,
'S tha fas ghras ri fhaicean orr,
'Scha neud aid aichadh chum na h-ur,
Nach du a b-udair glacidh orr.

Dh-eisd na bha an a staid na n'gras,
Do bhillan graidh le taitanas,
Bha n'aois ga do bheanachadh gus a bhas ;
Le n'copan lan dul dhachidh uat.

Dhairich an oig air feadh gach duiche,
Fior shabhair cure an shois-gail dhiot,
Is chruinich aid bhodh dheas gu tuath,
Mor cholamain luath gu'nuinagan.

Bha do bhriaran mar an druchd,
Toart solas ur do 'n spioradan,
'San chlaimbh da-fhaobhar bha na' d-laimbh,
Gearadh na bhoinn dhedh 'm-fhairachdan.

Thug u na'h uaisibh b-ard san duiche,
Gu rian is ulachd fh-aicsinach,
'S bha misachan graidh, beadh, as blais,
Gach la air sal do choisiachd.

Ach thaom an ceo stidh do na ghlean,
Is theann na bh-ann ri donalich,
Sa fear bu doill bha sa champ,
Be 'n riodhadh guide's an radhad e.

Chruinich na Ministearan gu curst,
Is leag aid dhudh bhi fastalach,
'S bhris aid a bhan na tidhean a beare,
Do charadh bearne na 'm-ballachan.

Dhosgail aid linne an Shoun phoill,
A chumel rionn 's-an Eglais,
Sa nainan na thaomas aid na'-n ceann,
Is e tilluidh is gann an ghearan ac.

Thog us fionaish dhillis dhluth,
Gu'n rodh a sollas ur sho cupardach,
'Sgu 'n insibh chlaun bha teachd nà 'n death
Gur e bhann breath fheinal anabich.

Dhuisg sho naidais air do chul,
Troidh chleachdladh ur gle anasach,
A fear nach d' rugadh ach an deadh,
Co Eildear is trean an diugh na e.

Cha neal guillan scholant og,
Edair tigh Ion Grot as Glasgo dhubh
Nach d-rinn an nabhad dan n' as leor,
Gu dunadh beol na'n arithean.

'Smar eal sho fior ciod e bu chiall,
Don ghriabh sho n'cadan co-thinal,
Ioseph Diabhidh chur na thambh,
Is piras bais bhi labhart ann.

Cha b' urain coiseasan na parst,
Bha dhut na naidean diolteach.
Gun a bhi searm gur du a bear
Na chuid a bard an inbhe dhubh.

Ach ciod e a beard e fein na cach
D n' linn bha bait an an ain-colais,
Gu n' dubhart Pilat cha leir dhombh n' rast,
Aon aobhair bais s' an dunne sho.

Chunaic sinn aid ma do laimbh,
Mar chlann ma laimbh na ban-oultrum
Ag na thruail a satan agire an call,
'Snach curadh aid failt san radhad orst.

Ach gad bu Diabhidh n' Abstol Paul
Is e lan do na grasan flathal ud
She thubhairt na Iu-ich thiomchailghairt,
Tha 'mfears na phlaidh air thalladh dhuin.

Ach la chlaoideas breathanas fhior,
Mar lasar dhian na h-Ellanan,
Feumidh 'nfhuidheal a ghleas an grount,
Dhul troidh na tuinn a choinich rut.

'She 'n-fhirin fa-dheiradh chual mo chluas,
Do bhillean usal labhart orre,
Na dearbh rainn an's na bheanich Maois,
Na treabhan naombh s-an dealachdan.

Theich aid an oiche sen roidh do ghnus,
Gu feinal furmal fuladach,
Tha 'n diugh aid fein chearst cho rusg,
Ri craobh gun ul na doilag ore.

Ach fagidh mis an tire sho 'n-rast,
Is theud mi n-ard na straithibh ud
Ach f-aic mi mhuinter fhuar gu 'n-cludh,
Co-dhunadh tuin ri fhrialadh.

She choinich mi do thaobh do bhais,
More aobhair chraidh 'nar nearrannan,
Iacob a mionachadh mhac fein
Mas gabhadh e san Ephaid leabidh dha.

Oir runich Dia riodh oiche is la
Gu m' biodh Ioseph is Paderic ceasnachadh,
'Sgu laidhibh an ur an a'ncoman dlu
Gu cure gu la na h-aseridh.

Sa cheud mhios dh-oaghar na blian,
Ouchd ceud deag da fhichead sa oichd,
Cha tanam sioridh thort dhachie gu fhois
'Sdo dhust a charadh 'm balle Invernish.

Marbh-rann do Dhonul Macoie, dunne uramach bha do thamh an a Risgil, Sgire Latharn 'n Galladh.

Is fhad a chualas fuaim do chaochladh,
Dhonul Macoie bhodh bhraidh a Risgill,
Cha rodh an Alba na bu disle,
Do dhaobhar Chriost an uar a bisle e.

S'troum an ouchdach th-aig tior chardean,
Giulan cionalas do bhais-sa,
Dhag u bearn nach deid a charadh,
Ach an deallich bodheg a bhais rinn.

'S diombhair ri luaidh run an ard-Righ,
Rion bhodh cheil iarmaid Adhubh,
Dusgidh E tearc is fagidh E cach dhubh,
Na luidh na suan air cluasag shatan.

Is og a dhuisg E us gu curam,
Is dhorst E nuas orst spiorad na h-urnidh
Rinn E taonidh ri cean a chunant,
Is chrioslich E tairmiachd air sou shurnidh.

Ghluaish u mach an a curse an neidich,
Chachadh le firin cath math a chredidh,
Marabh na milltibh an do bhroilach,
Sa siomadh na buaidh do da shlanier mullach.

Chur E do grabh air na naidean,
Is dhagadh do ghnus gle iodan aid,
Chud bu bhrinich bha san la dhubh,
Churadh du nan tabh le focal na dha aid.

Bi lagh na fior dhiadhachd riagailt tanam,
Bha do charais is t-urnidh cho dlu ri tanal,
Do bheul mar thrumpaid gheur ga m' bagar-s
Bh'an sith ru fein do dhesidh na ha-bhreath.

Bu dluth do choman do na bradhrean,
Is gorst a leon la do bhais aid
Nainean caraid sect na parstie,
Bhodh aon do n' shorse cha do theich do chardas.

Smath a dhanichadh bochd a chunand,
Co a bratach bha u gullan
Said a theanadh stidh gu dlu rut ;
Gabhal an fhasgadh ma do ghlunen.

Bha tardach dhoibh na teampull urnigh,
An's rodh anam is boig tric air urachadh,
Cuile an fhresdal, ruidh gu dlu uimp,
Giobarachadh mhioraltean as-ur dhut.

Dh-aine E do fhidhich dhubh an shaobhail,
Bhi frialadh dhut le iomadh soirsean,
Charst cho cinteach 'n ccan na time,
Sa rinn aid roidh an an la Eligah.

Dhedh na h-ull tha san fhionan ;
Is du bu choslich air iomadh rian ris
Faidhean Bhall ga shior phianadh,
Soholtaubh na creig na ait a dian aig.

Cha b-aid do rioghan dhebh luchd a chubie,
Aids air a faicibh du 'n dosan dubailt
A lamhan gitag air gach taobh dhubh,
Is breacan glas san asan ur ore.

Theich u fein bhodh mach do n'asich
Da-fhichead blian an an arabh,
Shelbhachadh Mhana bhodh na h-ardibh
Edar am Biobull is Uderacheau aridh.

Is dhag u aids a gith na floasgan,
Ma na stoc a dhag mi-naombh sinn,
Tabhart an teosach do dhiobar dhuinne
Roidh bhuaidh is fearstan an Fhir-Shioridh.

Rinn E do chal 's do bhlas a sheuladh,
Gu rion bhodh cheil firin is melladh,
Cha do thuig au saobhail doinachd taine,
Is cha bheun a streansar ri oibhnas tanam.

Sa bhlian aon susdan is ouchd ceud dhubh
Da-fhichead sa ouchd thanig crioch air,
Tiom do chuarst is uar do dheachein,
Is dhosgail E dhuts na dorsibh sioridh.

Is thog E suas u measg a chardean
Cha nur 'scha neudar le duine an aribh,
Gu seinn an oran stidh na aras,
She glor an Uain an note as ard.

Och cait am beal sibh luchd na h-urnidh,
Na dhat nar casan is na dhob ar gluinean
Na theich sibh gu hiomlan a mach bhobh churstan,
'Snach leir dhuibh a chreach tha air gach taobh
dhibh.

Gluaisibh suas fudh bhuaidh an fhacail
Is tagribh gu gear as leth gach neach dhubh,
Tha dheasidh an seul bh-air na noimbh cha dhachie
Ach a'n deonich E fein an anam mar chreach dhoibh.

Marbh-rann na fior fhionish Alestar Gair.

Tha sguel a tha ridh h-insidh,
'S an tiam shodh gle chraitach,
Do 'n-uighail lag sgith,
Tha 'n an aonar 's-an fhaisich.

Bhi lambhach na fior-fhionish,
Gu dian leis a bhas aist.
Is do reir a run shioridh,
Gu'n 'dug E, Alestar Gair leis.

Tha 'n fhior-fhionish a riradh,
Gledh iosal ' san la so,
Is tha an t' aidachadh air lionadb,
Ledh furmalich ladair.

Chrion I 's-na ceubidhean
Is cha 'n-urich aid na dh'ag E,
Is air iarmaid tith Iudah,
Cha neal iull aig a pharst ud.

Ma chanas sibh ciod e dhairich mi,
Rinn 'm-airachdan cho craitach,
Is iomachidh dhomh gu freagair mi,
Gu 'n deach e stigh gu m' arnan.

A bhlianachd th' air an Eglaish
Bhodh dh-ag Alestair Gair i,
Is g'-ad tha bhuaidh-sa maranach,
Tha Dunbheaudh dhunn na fhasich.

Is e rinn an iobair bheanuichd orst,
A Focall ghairm an 'tos u,
Mar dh-ung e leis a Spiorad u,
Gu bhi na tionish ordheirg.

Air buaidh a bhais is aseridh,
Do 'n fhuighail chail an cor air,
'S do stuard cumasach carishach,
Gu roinn an arain bheo rudh.

Fhuar u'n lagh bhodh fhlathanas ;
Troidh thine is ceo Shinai
Is mhinich u gu spioradail,
Bhodh mhuir gu muir do chach i.

Shearm u'n trumpaid airgaid,
A dhealbh an Truir tha gras mhor.
Gu shoilarachadh do pheacich ;
Gu 'm-bheal sagart beo nach basich.

Chur u mach do dhoserich,
Cho cintach ri slat Aaron :
Is crion bhiodh parst an tac a rut,
Do bhlas gach anam gras-mhor.

Labhridh iad cho tarstarach,
Ma 'n abhreath air an t' shabaid
Cha dug i oiche an codal dhuibh
Na uar a thim bhodh 'n-call aid.

Cha 'n-ann mar sud a dhearich us,
Oir shealbhich u ni araidh,
Is iomadh toun cha thairais orst,
Mas duar u cladach tearuint.

An abhreadth thig gu socarach,
Gun dochanadh do nadar
Theid i air h-ais le comharadh,
Nach leath-sa an oighreachd gras-mhór.

Chuartich a sholus flathail u,
Cho cinteach is gad bu Phaul u,
Is chual u guth san sholus ud,
Os ceann na chual do bhraidhrean.

Is thug sud an ceum tosich dhut,
Fheadh sa mhair do chuarst san asich,
Is cha naicear ans na linnibhs,
Do leath-bhrec geiridh 'n-ard.

Cha 'n-ainmich mi do thrioblaidean,
Na idir do chuid lirigeanan,
Cha e dhinn gu leanadh sinn,
Tri eorlich an a mile u.

Ach dheabh gach cup is flagan dhiubh,
Tha air an tarag aonichd,
Ag uar a bhais dar rigas aid
A foirfeachd an a naobhachd.

Nach craitach an shuain chodal,
Tha air Cattaobh is sgire Lathearn,
Ma dhiochnich aid na labhair u,
Le fior spiorad faidhearachd.

Tiomchail na 'm-breathanisibh
Thigibh air an la sho,
Is gu feud aid nis a fearachdan,
Gu guinach 'sna hulladh parst dhiubh.

Is iomadh la a dhinish u,
An an eisdeachd 'n-ar cuid ogribh
Gu'm be claibhe na breathanas,
A dheanadh fuil dhorstibh.

Tha nis an Turc 'san t' Alabanach,
A ruith air fhaobhair coladh,
Do dhearbhadh stait 'san Eglais,
Bhi gu hiomlan as an ordubh.

Tha do shiol 'sna h-uisgeachan,
Bho Ross gu eillan Loise
Ag ceann gach baugh tha prasgan ann,
A ghradhich gu ro' mhor u.

An Inbher-nig dar rigibh aid
Bhiodh 'n-chruinachadh gle dhubhal,
A gheisdeachd beul cho beanuicht rut,
Is cho anasach na sullan.

Bha'n shabaid naomh ga bullachadh,
Air seinn is leabhadh 's-urnigh,
'San fhirin an a seadh spioradal,
Air a minachadh gu cure dhoibh.

Ceudan dhuibh a gaidachadh,
Gu 'm Fhaidh air tean as-ur u,
Is nach 'd-eisd aid fein na'n arithean,
A leathaid do ghuth gu'n-dusgadh.

Ghluais a shodh na Ministearan
Le eudach is le luban,
'S be 'n-cuids cise a cho-thinal,
Do thogal Tigh is curstain.

Gig is goun 's carpadan,
Fudh anm an aobhar fhinal,
Is gheil gach intin shocharach,
Do cheo an sholes ur sho.

Fa dhearadh thanig spiorad or
Le eidiachd neo ghras mhor,
Is dhaontich aid gu rionadh aid
Na daleth an shabaid.

Is gu spioladh aid dheth Alestar,
Do 'n fhear ud a cheud pharst dhi,
Is nach eisdibh aids an fhianish,
Ach 'n-deathabh ghrian a mhan or.

Nuar chual Righ na flathanas
Mar lasich aid an f'hionish,
Thug E aine gu cabhagach,
Thort dhachidh as an fhionless.

Mas gann a chualas easlaint
Is gun idir ni do phianadh,
Sann thug na h-aighlean dhachidh e,
Gu seinn an oran shioridh.

Cha nac mi 'san taobh tuath,
Na b-uaisle na tardach,
Gu fasgath do shluagh, tean,
Ma 'n cuarst as gath carnidh.

Bhiodh do chuid burd
Air gach taobh gle lan dhiubh,
Is e dhoibh mar oll ur,
An druchd thigibh bhan orst.

Bu riathlach do Cheil
Air feumnich is aridh
Cuid ogridh ma 'n-cuarst or,
Tort ulachd le gradh dhut.

Cha nac mi fiudh gruaim
Aon uar air a pharst ud,
A bheanachd bhi gu sioridh,
Do 'n-iarmad a dhag u.

The worthy object of the foregoing Elegy, Alexander Gair, was born at Marangie, near Tain, in 1772. He removed to Sutherlandshire in 1796—came to Caithness in 1817, and departed this life there in 1854, aged 82 years. He laboured piously among the Highlanders at Wick for nearly thirty years, teaching, exhorting, and reproving with divine authority, without any molestation until after the Disruption, when a Gaelic preacher was appointed for that large assemblage of fishermen. Very often he was grieved for his liberty being straitened by the foresaid preacher, who first deprived him of the forenoon, and latterly of the afternoon service, which occasioned much grief to many of his hearers.

Marbh-rann do Cheitie Ross, bean aridh bha do thamh an a Risgill, Sgire Lathern 'n Galladh.

Tha bhodh Risgill an's sgire Lathern,
Sgeul a n'rasd air a sgaolladh,
Co a chunnic na chual i,
Leis nach cruaidh bhi ga h-insibh

Gu'n 'drinn teachdcarachd bhais
Ceittie a ghraidh thord saor bhuadh,
Is gu'n deach a giulean gu sabhailt
Leis na brathrean do Chline leodh.

Tha e na theistcanas dhearbht,
Gu'm bheul fearg an a ruin rinn,
E bhi tabhart air falbh uain
Pillaran dealbhach na h-urnidh.

Bhodh gach cearnidh dhe 'n duche sho
Tha muir-cul sho tean dlu orn,
Is mar as tric air a shearm e,
Sann as mairbh nar cuisean.

Tha'n ar staid ans an fhaidhcarachd,
Fodh shambhladh garradh an fhionless,
Dar dhiult i miosachan aridh,
Leag E bhan i gle iosail.

Is thug E sheachad mar bhiadh i,
Do bheichean fiadhich an dichidh,
Sa mheud sa tha gun eagal gur fior sho,
Tha aid gun chial air na tioman.

Ach dhearbh an ard Righ a ghaol dhuts,
An a dhiseachd bhodh t-oig,
Thug E mach an a fhabhar,
Bhudh staid nadar an thos u.

Is fhrial ese gus a chrioh dhut
An a miorbhailtean trocair,
Is cha nac sinn riabh an sa h-aon dhubh,
Na bu mhodh do iombhidh na glor.

Chadh ro tombas na aribh
Air do pharstean a Cheitie,
An am beath na diadhachd,
Is gach gniombh creidibh do rear shen.

Amach bhodh storran Ioseph,
Dheabhadh du 'n-cor do gach feumnach,
'Sma bha 'nadubh bu lagh do bhco unt,
Bha do choman na sleor gu sheudadh.

She sud an commun bu ghraidhich,
Bha san asich's ri fhaicean,
Gad a shuilt an rionorpe,
Air feadh gach schoid agus oisinn.

Mheud sa shealbhich fior-ghrasan,
Is ainne thearnuidh air soisgeal
Shuidhibh aid a mhan an do lathair,
A shealbhachadh fabhar an fhacail.

Bha do sholus cho fior ghlan,
San ruin diobhair cho faisg dhut
Ma,ri dearbhachdan tearnuidh,
Bhodh fhuighil nadar a pheacidh.

Is an t-ungadh rodh naombh,
Air a thaomadh mar uisg orst
Tha sior-aonadh nam brathrean
An's a ghradh tha neothuslach.

Bha u do Mhathair oultrum is arich,
Do na bha san aits dheth n' sorse shen,
Do 'n tearc bha suidheachan Mhaois dhiubh,
Sa mhan a risd feadh gach ordubh.

Bha do chomhrle 's do riaghailt,
Is tesemplair Dhiadhidh gu seoladh,
As tearachdan dhiobhair mar Mhana,
Gu beathachadh anam nan leontach.

Bha do th-air is do churam,
Ma na chud bu bhruit is bu bhochd dhubh,
Stu nach curradh air falbh aid
Gad nach biodh anabar do stoc ac.

Cha rodh u nuidheam bhi fearachd,
Ciod e bu chial do 'n-cud osnich,
Oir bha focal na run agad,
Gu fosgladh cusain gach neach dhut.

'Smath a dhanachidh tu 'n cealagar
Bhiodh gu leanabidh ga fhacan,
Is dar bhearadh e chul dhut,
Bhiodh surdal na ghasgag.

Biodhidh shors-as cho cardail,
Feuchan gradh dhoibh le focail,
Ach a gulan sleagh Shaul,
Le spiorad naidail na'n achlash.

Sann air Sabaid an orduigh,
A fhuar u corichean seulicht,
Thug E stigh gus a bhord u,
Is neach gun chor air cha deud ann.

Do dhaotan foirfeacht a storas
Bhodh nach fogar an eug u,
She tear-saoridh ro glormhor,
Tha nis na ceol do da theudan.

Siobh's tha neis air ar fagail,
Lan do chradh is do mh-ullard,
Is nach faic sibh s-an asich
Neach ni h-aits a thogal.

Feuch gu leau sibh a 'm-pataran,
Dhag an t' ailagan agibh
Chum dar gharmas am-bas sibh,
Gu fuigh sibh muir-traidh air an abhain.

Tha ouchd-cend-deug air au aribh,
Dhiseis do 'n-all tha ri thidhean,
Agus naodh bliana-fichead na 'sard,
Is na fagebh aid idir.

Air mios fa dheiradh an shamhridh,
Gu'n dhanig ceann air a trioblaid,
'S gu 'u-deach a guillean le Aighlibh
Dheusidh 'n-oibhnas nach millear.

Marbh-rann Uilliam Mhicaoi, Eildfhear, bha do thambh an a Roster, Sgire Lathearn

(Each two lines of this Elegy is to be twice repeated.)

Tha aobharan broin soibhair gu leor,
'S-cha bheag air modh chor's gach la dhiubh,

'Tha 'n-corran gu teann a gearadh sa gleann,
Is e shienadh sa chean is ail leis,

Ri tional a' 'nard na'm bagadain ailt
Bhudh dhoirean as cradh a gheambhridh

Tha Prounsibh na tir air an guillan a tiom,
'S ro bheag dheadh 'n-cuid siol a fas ann.

Och Uilliam Micaoi stu dhag sinn gu tein,
Bhudh ghiullan na daimbh do Chline u,

Tha eud ga modh ghluasd gu ni eigan a luaidh,
A dhi-chuinich uais-e do chardeau.

Ma thiomchal do chlu co dha do'm bhaine u,
Nach cannudh ga'm bhue e daintean,

'N Ti chruithich u 'ntos she dhathghin am beo,
'S thug dha oultrum is deol is arach,

Ma na gluinean a biall bha 'n-Eglais Dhia,
Sa dhealrich mar a ghrian na aros.

Thog na flathanas gu teann iads suas bhodh do chean,
Is chur orsts amaunteal a dhag iad,

'S bhudh thog u e 'n tos stu n-ionish bha beo,
Nadhaigh claonadh gach sorse san tir sho.

Bha iomadh 'san linn a dholibh a phuine
A mhisadh du milt gun fhirin,

'S cha bann an do chean le foghlum as caint,
Bha sud air a steampudh dhaontan,

Ach bhodh 'n-fhior uisg-a bheo, dhedh na dhol u
A tobrichean or na naombhachd.   ['ntos,

Said a dheirich do chal do chathair na 'n gras
Do thagair gach trath le urnigh,

'S budh mhoich u na ghrian gach sabaid sa bhlian,
'S do mheadhan gu fial le drucht air.

Dar cheulladh E ghnuis bhiodh tearachdan curt,
'S do chomasan ur a geabhachd,

Le osnichean trom tean a mach a do choum,
Adh-nuadhich air foun do dheulaig,

Bhiodh do shaorsan cho ur is tanal cho cure,
Dar thionaladh dluth na cardain.

'S cha rodh fudh na ghrian aon dunc na chial
Ghabhadh murlard na sgios dhcbh tabhais,
'S bha fiouais aig parst do bhrathrean do ghraidh
Gu'n rodh lebidh do bhais na Bethel.

Iad ga taicin dul suas gu deaslaimbh an Uain,
O sbeanichd an sluagh a theud ann.

Ach a Rostel bhochd thruagh she do dhitibh bhios
Ma chailas du buaigh a dhiseachd.   [buan.

Bha searm an do chluais ach 'n deach a thord suas,
Suim fulangas chruaidh 'n Fhir-Shaoridh.

Tha tardach dhombh fuar, ga fhaic mi int sluagh,
A tional ma 'n cuarst 's am Biobull.

Is tha do shuidhachan an rast san Eglais ban,
Is ccalagaran dan a stridh uimb.

'S tha bhreathanas gu luath o dheas gu tuath
Mar bhrisibh a chuain a taomadh.

Tha do bhantreach gle fhann sa foghar aig laimbh,
Churas crionachd is moul gu sgaoladh.

'S tha do chlann air an roinn ri faobhar nan toun,
Rodh fhad bhodh ghreim a cheil.

Tha cuid dhiubh san ur is carbsa dan taobh
Gu scinn iad a chlu dar dheiras,
Och Uilliam mo run is mi tha gun lusc,
Bhodh dholich an ur do cheum bhuam.

Oran Claonadh an ladh.

Is mor an aonarchd chianal,
Tha's na blianudh's tcan dluth orn,
Gad 'tha ar sullan air iadhudh,
Is a ghrian air ar culladh.

Agus bulcan an fhianless
An a 'n-codal diobhan neo-churam,
Is an tearc thug E bco dhiubh,
Feuchan gorach na 'n-sullan.

Ma thoimbhsar sinn a leis an rioghailt,
Dh'ag an Thrianailt 'san fhocal,
Dheabh i fuil air a stampadh,
Edair an Teumbull 's-an altar.

Agus glaodh an Fhir-shaoridh.
Gagar dioladh le cabhaig,
Dhedh gach sean agus og dhinn,
'S cha neal feol a theud as dhinn.

Dheabh i schoultinan craitach
Air feadh stait agus Eglais
Agus iarmaid Bhalaam,
A sheun fhaidh ga 'n teagasg.

Is e geabhachd mullich gach parstic
Nach bheal a gra mar tha sinne,
Is cha neal fear a da-fhear-eag dhuibh,
Rinn spiorad Dhia chur do bhruidhean.

'Nuar dhas Ishmael cho fiadhich,
'S gun 'dh-eir e rioghilt 'n an athrichean,
'Sa rinn e tarchuis air Isaac,
Oirgh finalt na h-ath-bhreath.

Dheirich Abrahaam Diadhibh,
Is thug e 'n strean dha ma abhich,
'S chur e as do'n duiche shios e,
Mar thoiseach diolidh do tharchuis.

Sean dhas a theabhlach cho lionmhor,
'S nach 'burr e 'm-beadhudh gun scapadh,
Sgaol e mach feadh gach tir iad
Is am Biobull fodh 'n-achlaish.

Cha neal neach an's an tire sho,
Ga mi naombh i ri fhaicain,
Bhualas tasdan air trionsear
Nach dean iad cinteach a ath-bhreadh.

Sgaol a lian so a lubain
Le tombhas dubailt do ghionach
Ach na ghlac i na Paganich
Cha ghaoid bhodh 'n-ait is bhodh 'n-fhine.

Oir she mealludh na h-eabh ac,
Chur a Sleabh do shilleadh,
Nuar cha chreic air a chous-ar
Do phaidhadh 'n an doull bha bruidhean.

Ach thug-ibhs rabhaidh do Chalmers
M'as dend a lambhan a cheamhail,
E a glanadh a phocaid
Bhodh dhuais na fornast an's teabhair.

Oir cho cinteach is as beo e
Tha mullachd Iotham a tidhean
Is bhodh 'n taobh a thoilleas a dorsdubh,
Cha 'n e dollaran ore ni pilleadh.

Is eisdibh comhairl au shlan-i fhear
Do fhior chardan is Abstoil ;
Na leanadh mach iad do 'n-asich,
Cha neal na'n-cardas ach bras-cull.

Oir is e torradh 'neuid eolaish,
Ithe agus ol an am pailteas
'Sma leanas sibh aon dheabh an shorse ud,
Is beag air ar cor dhedh an ath-bhreadh.

O dion-sa le fearstan a chumhnant
A mhuinter bhruite tha fudh easlaint,
Troidh gach cunnard as gabhadh,
Is bhodh anal bhradhal na h-ais-idh.

Dean an tional ma ghluinean,
Na tha guillan do bhratich,
Oir cha neal neach chumas ceum rudh
Do dheasidh 'n eabhail bhodh 'n Altar.

Na fuidheans schiathan a cholamain,
Gu ruidh bhodh 'n fhearg tha ri thidhean
Stigh fudh fhasgadh na trocair,
Rinn fhuil a dhorsdubh gu 'm-philladh.

Bheirean dubhlan an shealagar
Bha 'g-am amladh 'san t' shligh,
G'ad cha shaidean ro bhas-bhor,
A stigh nam arnan mar schithach.

Chur u battal na dha ris
An am anbar craidh is mi air oubadh,
'Nuar a labhair an Dragon
Is na h-ull a parst dhiam gu chobhar.

Cha rodh puithar no brathair
An a lathich cho dobhain,
Is cha neal focal sa chlar dhut,
Air son tearnadh na cobhair.

Bha an tiom sho a rireadh,
Na thiom gaol agus teircidh,
Tha iad tearc an's an t' shaoghal
A burain isibh mo chlisgibh.

Is mar digibh focal na trocair,
Bho Ihobhah le misneachd,
Sann a bhitheau 'n am fheolltar.
Air spiorad is feol an an titibh.

Ach Mille a beannichd gu sioridh,
Gu'n ro an Iobart cha bhrisadh,
Reitich buadhan na Diaghachd
Chun peacich mhi-mhor a thircadh.

Is nach 'drinn tarchuis air aon dhuibh
Air cho faon sa bha misleachd,
Oir bheir E uille gu tir aid
Thug Athair naombh dha ri thirciadh.

Oran air buaidh an Fhocal thanig gu bhi na Fheol.

Is e ioghantas as mo tha fuidh na ghrean
Gu'n do chualas riabh a sgeul sho,
Gu'n dhanig a Focal a nuas bho ghlor,
Is feol u na habh E fein air.

E bhi air a ghin leis a spiorad Naombh,
An a' m' bhroin na hoigh Marie
'S gu 'n-dhuar E bhreath a stigh do n't shaoghal,
Mar naoidhan do shliochd Adhubh.

Cha b' ann bhodh fhul na toill na feoll,
Bha theachd an tos don-asich,
Ach runn bhith-bhuan an Athair shuas,
Tian an nuas mar dh-ar-nadh Audh.

G'ad a bha e saor bhodh pheacadh ar nadar,
Bha gach parst dheadh fein aig,
Is dh-ol e as leath tagheadh 'n an gras,
An tull a bhadhudh gu leir iad.

Na mulachdan cha chur an geil,
Air Adhamh is Eubha sa gharadh,
'S na buitachean a chual a chlann
Bhodh mhullach binn Sinai.

Gach trioblaid egin agus cradh,
Gach brisidh fainne is statuin,
Is iofrinn shioridh tabhadh na 'n gras
Is e fein a dholsa phaidh i.

Tire 's ar nanam bhodh gach seorsa
Do na treabhar-oste bha 'n-Bethelem,
An's nach duar E roum na core
'S iombhaidh a ghlor nach leir dhoibh.

Tha saoghail Deabhain agus feol,
A giaraidh glor as aoradh,
Is na's cunardich na iad gu leir,
Mo nadar fein gu geulladh.

Chadh nar mi innsa, ach an am parst,
Na fhuar mi dhiubh do dh-eigan,
Is bidhith mi rusg gu h-iomlan
Mar cuireig t-abhair fein mi.

Thanig an naidhachd bhodh fhlathanas shuas
Gu buachalean na'n treuden,
Is ghluais i iad gu h-inse do chach
Dar bhladhich E nanam fein leth.

Mo thruaidh leir na tha gu slan,
Le danachd is le breugan,
Ag radh ri cach gur math do ghras,
Is nach d' arraich an anam fein orc.

Tha sud na chlaonadh an ar la,
Tha fagal parst cho feinal,
Is she thug cuid do thaghadh 'nan gras,
Gu gairm an cheist do dhealaig.

O uisgich us le dealt bhodh 'n-ard,
Air fasiachd do threudean,
Ach a faiceir beath as fas
Bhodh bhriseadh fare na grein orre.

Dean sa 'n cheambhail an's gach ait,
An an gradh do cach-a-cheul,
Le briodh na h-iobhart shioridh bhuan,
Cha shuaineadh 'm-bhain-sear Beth'lem.

Thanig na duin-ne glic a nuas,
Bha shios ma eireidh greun,
Le stiuradh na realt a shoilarich Dia,
Ach an 'dh-uar iad E an 'm-Bethelem.

Thug E na glasan dhiudh gu leir
Is dhuasgail E 'n cuid sealachan,
'S thaom iad an ullidhean mach gun eise,
Gu friothaladh dha air fheumas.

Ditidh sud cuid an's a bhas,
'S aig a bhreathanas 'd-ar dheiras,
Meud a mhoinais tha 'nar la
'S nar cuingealachd ri' t-aobhair.

O biodh fialuidh ans gach ait
Is parstail ris na feumanich,
Mas dean a leum ar 'n-ith a n-ard,
Mar rinn a phlaigh air Herod.

Biodh-sa 'g-urnigh ris gach am,
As leth a chlann tha 'g-eridh,
Mas teantadh 'n fhul ac air ar ceann
Is nach fhaigh sine bann na reite bhuaidh.

Faicidh Ioseph as Maire an oigh ;
Tean le glor na Teampbull
Ga thairgsuin suas an a lathair Dhia
Dar fhuar E 'n gearadh tiomachail.

Thug e 'n umhlachd dhoibh tha sgriobht
An a lagh na firin iomlan,
Is dhag E 'n-eis am-plair ud aig clann
Is parantan gu leinbhein.

Mille beanachd air ar ceann
A chlann is thugibh speis dhidh,
Is beatha bhithbhuan shioridh shuas,
A bhi na duais gu leir dhuibh.

Rann Croinachidh do dh-aois agus do Oig.

Tha cord a thri dual air fhidh gu cruaidh,
Eidair Ifrionn is sluagh gun ghras,
Cheanglas le buaidh anamnadh gun truas,
Fodh bhuitachean cruaidh sa bhas.
Tha marbhachd air aois talbhiachd a ris,
Tha cealagarachd 's-furm gun ghras,
Nain-ean gach strac a bhearar do 'n-airc,
Tha preis-gadh bathadh dlu,
Cha chreid sinn gur fior ach a sluigar gu dian
Sinn a stigh an am briodh na cuis.
Tha oig air bheag ciall a g' aodhradh gu dian
Do dhiombhanas druim is bru,
Gun torradh no blath air an anam a fas,
Na suidhachadh gras 'n an gnuis.
An coisiachd cho beo, le spiorad na feoll
Aig gach meadhan tort leon do 'n-runn,
Ga da mhionich iad fein 'sa 'm-parant le cheil
Na 'm-baistibh dar sheul air tos,
Bhi gluasd gu leir an chas-cheuman na treud
Reir teisteanas Dhia nan dull
Leg iad sud ris an lar gun chnimhne air aon la,
Ach an chan trumbaid a bhais riu duisg
'Sen sedidh a storm le tuiltean do fhearg,
Is theud na bunacharan ganbhich na smur.

'S cha seas ach a pharst a dhaithnich troimh ghras,
Nach deanadh bhi g'rath an turn.
Do easidh an or, she creidibh nam beo,
Gu'm biodh iads gun chor sa churst,
An's an gabhair a seorse a thaigh E roidh thos
Sa ghairm E gu glor na Truir.
Tha tearc ann do chlann 's gu dearbh siad tha gann,
Dheadh nach tabhair sinn 'san am ur dul.
Ga ruidh iad gu teann tha nas luaith na iad ann,
D'an tort dhachidh aig ceann na h-uin,
Nuar churas E gharm le tharnich ga shearm,
Tutidh peacich mar mhairbh ri thaobh
'S cha nag e iad a sas aig an lagh tha chum bais,
Ni e an ath-bhreath mar allach ur.
Is bidhidh orre torradh is blath, trid feartain a graidh
'S ni iad flouran ailt na chrun,
Is na faodain a radh, gun peacachadh dan,
Bhiodh sud dhombh na slaint asure.

Oran Lot an Fianuis.

THE cause which brought forth the following Poem was a killing
stroke given to the people of God. The Sacrament of the Lord's
Supper was administered at Reay, but the Rev. Mr Mackay,
minister of the parish, being unable to officiate, was assisted by
the Rev. J. M. and D. M. Those whose names the Poem bears
were put to silence upon Friday, for bearing witness against
clergy intrusion, &c., &c.

Is e sho tiomhan is cianal
A chunacas riabh ri 'n ar la,
Thaobh cho lionmhor is a tha riar-ichd,
Mar Dhiadhachd le sgal.

Tha na h-is-ibh sa 'n cuid uaisibh
An ar cluasan ag radh.

Cha neal aobhair bhi gruaimach,
Is nach bheal truailudh 's-an la.

Tha na dh-eirich thaobh a foullam
Gu's na ceumau as ard
Air an dalladh le n' egair,
Is cha leir dhoibh n'ar cas.

Tha gach suidheachan is ordudh
Thug a thocair mar aithne,
Air an glacadh le fornearst
Aig luchd treoruigh gun ghras.

Is tha na fiannisean dilies,
Air na-shoarich fior ghras,
Air an ruagadh mar Earbi-ean
Roidh an t' sheallagar 's gach ait.

Thanig pras-gan gle fhinalt,
Da Mhearadh dhuibh 'n rast,
Shuidh iad sios air dithaoin ann,
Fodh thuitearachd ghras.

Bha Moderator 's a Chubie
Oir nach lubadh iad dba,
Thug e ionsnidh air an cuiradh,
Is an cul chur ri lar.

Bha 'n cuid Eildearan cho lion-bhor,
'S gu na lian iad an la,
Is cha rodh durd ac ma 'n fhianish,
Chur cho iosal le tair.

Thanig crionadh na craobh fhigeis
Air na rian leo a radh,
Is bha an ashidh na 'm bhriarean.
Ach na chriochnich an la.

Sa n' uar a sgaol iad bho cheil,
Is mor a feum bha air blas
Bha na bh-ann a bhuidhean eud-m hor,
Air an eidibh le cradh.

Is ga b' e shuilibh na cullen,
Agus uicean na traidh,

Ch'iet a tearc ann air an gluinean,
Gus a chuis bhi na bearr.

Chruinich dorlach gle bhoi-ach,
Gu tigh Ioseph sa phairc,
Is shaol leum fein gu 'n do ruth 'n-t'ordudh,
Troidh na beol ac le gradh.

Bh' ann cedaran cho dealbhach,
'Sa dheanadh Alba air an't' slan,
Is air thoiseach na dh' anamichear,
Th'eir mi Alestair Gair.

Bha Ione Toesach, agus Ioseph,
Is cha bu locus dhombh gh-radh,
Gu ma mhir iad dhedh an ordudh,
Gheabh an cor 'san tigh as ard.

Bha Ione Sutherlen cho cure ann,
Mar chraobh ullan fodh bhlath,
Bha Ione Macoie an agus Herrie
Is math bu leir dhoibh mar chadh.

Bha Charles Gordan, agus Donull,
Is bh-'eirt an tos dhoibh mar chach,
Bh'ann Samuel cho oirdhearg
Is cho oigeal ri cach.

Bha uain ann do luchd leanbhuin,
Cho dealbhach 's cho blath,
Is cannidh 'm Bibull gur e balagair,
A dheanadh 'n tearbadh 'n aon la.

Ach ma chuntas sibhs searbh sho,
Gheabh sibh dearbh-achd nas fearr,
Eader soisgeal 'n 'Fhir-sharoidh,
Ieremiah agus cach.

To the Memory of the late Alexander Sinclair, Merchant, Thurso.

This mournful news renews its sound
From Thurso east and west around,

That the glory of Jacob is made thin—
His fatness of flesh waxeth lean.

The dear Mr Sinclair got his wing
To fly above the shining sun,
Where all the harpers about the throne
Saluted him to sing their song.

Let all dear mourners cease to gaze,
Altho' the cloud do them amaze,
And wait with patience, faith, and prayer,
Until the end their cross do bear.

Of the grapes of Eschol you got the taste,
Which he did bear with faith and trust ;
Join you Michael against the Beast,
And you shall sup of Canaan's feast.

O walls of Thurso, will ye not weep
Seeing indwellers as hard as flint,
After the removal of that saint
Who shined as clear as morning light ?

His youthful days he gently spent
Fearing God with a constant bent ;
In riper years he witness bear'd
To all the truth from heaven declar'd.

Attended by his brethren dear
Was his chamber when death appear'd ;
In full assurance he took his flight
Where new birth alone shall win birthright.

Surrounded by a heavenly host
Was his soul to his glorious rest ;
His body laid in Thurso tomb,
Whiter than snow he'll rise therefrom.

May the staff of Jacob as support
Fall to his offspring in their lot,
And by his ladder step by step
Be trained up to the very top.

My want of grace I have to mourn,
My flourishing days are fairly gone ;

Ephraim's grey hairs I numerous bear,
A trembling heart my daily fare.

One thing I seek, and then depart
From all the world's deluding art—
That the Lord of glory may build his house
With living stones of his good choice.

Caution to Youth.

Dear youths of religious seed,
Your enemy thirsteth after blood ;
Be cautious and take good heed,
Behind his smile there is the blade.

Beware of rovers that walk about
With feigned lips, silver white ;
They do pretend to mean the best,
Tho' in their breasts a viper's nest.

The hind and roe preach well,
If the spirit applies the whole ;
They smell afar the hunter's breath,
And for the rock set off in haste.

The meaning of the rock is Christ,
Offering salvation to the worst ;
Fix your anchor of faith and trust
Within the veil for ever blest.

And by the way watch and pray
For Christ's protection every day,
So never attempt to do or say
What may your youthful blooms betray.

Then shall your aged locks sing
From peace of conscience within,
Reviewing the hours you sweetly spent
Preparing for your heavenly rest.

Poor worldlings in their mad career
At all devotion scoff and sneer,

Heaping their treasures in the dust,
While nothing remain but cursed rust.

The dying graceless creatures' woe
Can any describe or do they know?
Their despairing terrors will overthrow
All their hopes to hell below.

These goats climb the highest rocks
When lambs in vallies lie ;
Hypocrites with disguised looks
By greed their gain do spy.

The righteous wallow in the dust
When judgments overflow,
And when the Lord his countenance
Do hide and not them show.

How cheerful do their plants revive
When he his word of might,
In mercy and most graciously,
Into their souls do speak.

Weigh the matter in balance true,
You'll have your share in one of the two ;
Sow your seed betimes now,
And beg in harvest you will not do.

Marbh-rann air Ione Macoie, Sgire Thunge, bha na Fhear Ceasnuich an a Sgire Lathearn 'n-Galladh.

Na fuighean tarruing ghras-mhor,
Do 'm-anal an-sa 'n-asich,
She thogin cliu na 'n cardean
Cha 'n ard a troimh na ghleann.

Bhodh dhaorsan cruaidh an t' shaoghail,
Is buairiean an fhir-dhicheidh,
A stigh gu tire na saorsan,
A choisean Iosa da chloinne.

An duiche mo bhreath is 'm-arich,
Is e Ione Macoic Cheantall,
Criostidh cho troum 'n grasan,
Sa tharruin chur an cainte.

Le treunachd gibht is parstean,
Fodh ungadh na saor ghras-sa ;
Bha e na ghrabh do 'n Satan
'San ait bu tiedh a champ.

Na furmalich a b-ard,
Is na cealagaran bu dain
Churadh a rasg na smal iad
Gun fhocal thean e'n ceann.

Ach dheabh iad an diugh a saorsan,
Gu seidibh an cuid pipan,
Is cannidh 'n-linne mhi-naomh sho,
Shud ceol as binn a bh-ann.

Ma shuibhleas iad sa cheo sho
Ach ruig iad bruachan Iordan,
Dheabh a'm bas lan chore orr,
Is bidhidh 'n dochas ull air choull.

'S chi iad a mhuintear or-dhearc,
Bha roimh nan oran ol dhoibh,
Tord am breath air taobh na corach
Gu'n doruin chur a mead.

Ga thilagar iad 'san amhuinn,
Seachd uar na's teodh na babheisd,
Thig iad rist a 'n-ard aist
Gun fhuiltean dait na'n ceann.

Nach faic sibh gradh a 'nt slanifhear,
Fodh fholus-fall sa gharradh,
Ag ol na feirg ro-bhas-mhor,
Is tord slanarachd do chloinn.

Na buairiean bu bhas-mhor,
Is na trioblaidean bu chraitich,
Bha sud aig iarmaid Dhaibhidh,
'San asach 'sna huille a linn.

Co a baisg do na phatarans
Na eiseimplair 'sna sharichean,
Na Ione Macoie mo ghraidh-sa
An ar la air aighidh 'n fhoinn.

Na ghleac 'n ceann na h-urnigh
Is air trioblaidean a chumhnant,
Cha d-eisd mo chluais cho bruit ris
Is cho curr ga chur a 'n caint.

Ga bu troum a cheum san asich,
Cha churadh e chas air Sabaid
An gig na air carn ac,
Air ailgheas na bhiodh annt.

Na sgiathean chur an t' ardan
Ri Ministearan an la sho,
Cho cinteach ri Carbaid Pharoah,
Gu 'm bathudh 'n coineadh 'n-cinn.

Th-iad neo-shauntach 'san urnigh,
'Sna faileasan sa Chubidh
Is na droidhean feadh na 'n-duchau,
Gu ciuradh mh-uintear fhann.

Tha aonarachd sgire Lathearn
A nis air tean gu h-ard,
Na h-aithrichean rinn a fagal
Is cha lion an ait a chloinn.

An luchd ceasnuichidh cho tarbhach,
'Sa bha riabh air feadh na h-Alaba,
Thuit sud or le cranchur
An Ti a dhealbh gach aon.

Cha 'n ammich mi bhodh thos iad
Cha nac mi cuid 'san fheol dhuibh,
Ach sheul E bhuain Ione Toiseach,
Gad as trocair e bhi 'n tiom.

Is thug E dhachidh Ioseph
Bho dhioltas a luch toerach,
A thiontadh mach a choat e,
Nuar aboir-dheairg sheas e ann.

Cha 'n-anmich mi a'n-core dhiubh,
Ach Ione Macoie (Maconil)
Is e bhas fa dhearadh leon sinn,
Dheadh na thug trocair dhedh na tuinn.

Nuar shiulas sinn na fasichean,
An's na sheinn a mh-uintear ailt ud,
Aidichidh sinn le cradh dhuibh
Is e 'nar bas a bhi a'n deigh.

Ach seasibh sibhs gu samhach,
Is cumadh dlu do 'n-aithn aig,
Oir tionallidh E le ghardain
Na h-uain a n-ard a 'n-deigh.

Mar labhair inghean Pharaoh
Ri mathair Mhaois is Aaron,
Oultrum us le gradh e
Is cha bhidh paidhudh dhut na eise.

'S cintach mis gur samhach
Do choimhseas Bean a ghraidh-sa,
Mar chum i ris an aithn sho,
Ach na ruith gu slan a reis.

Is gu 'n-dag i air gleadhidh 'n t' shlanifhear,
A dhust 'n claugh Cheantall,
Ach a searm an trumpaid ard sen,
Bheir na naoimh a n-ard a ris.

Ach sguridh mise do 'm oran,
Air Ione Macoie (Maconil)
An Righ a thug gu glor e,
Ga stiure air chor a chloinne.

A Gaelic Elegy to the Memory of the eminent and pious John Mackintosh, Catechist, Farr.

Bha Righ Daibhidh faitearachd,
N' tir bheartach thighean gu fasalachd ;
Nach dean Farr s' gach ait dhuibh,
An diugh scathan ans a phuine.

Ri arudh mor do bhlianachan,
Bha spiorad naombh ga siolachadh ;
Is thog E bare do dhf'hionaishean,
Gu sgiombhach dhedh a ghround.

Tha I nis na cianalas,
'Sna h-ulle fear tha rialeadh int ;
Tairaig cliudh a dhiaghiacht,
Bhodh iar-Mholladh do chaint.

Is e thug a n-tuill na dorstabh ore,
Gu n'dug E suas Ione Toseach bhodh :
A dhedrich an a n-oirdhearcas,
Bh-osceann gach scorse na linn.

Dh-ung n' Ti rodh ghrasmhor e,
Na fhear ceasnich an's a Ghailtachd ;
Is chur e gu boull a thalantan,
Sa ghrasan nach rodh gann.

Bu mheleis bine an ordubh bh-aig,
Bhodh chadh spiorad naombh dhortabh air ;
Chadh ro cridhe nach deollibh e,
Le oranan is seinn.

Bu diombhair n'ceann na h-urnigh e,
S' co-labhairt ri aighidh Chubien ;
Is e ghuibhe na chridhe nach lubadh aid,
Le suarachd a n' caint.

Is iomadh buill a bhual iad air
Bhodh dhalbh iad sa ghaodh-churstlan ;
Ach dhion a Chreig gu h-usal e,
N' nanganas gus a chrioch.

Bha gaol na flathanas shioridh aig
Mar chual sa dhaidich lionmhorachd ;
Sa cheasnachadh bu diobhar e,
Gu dion a Mhuinter leont.

Na bha an staid an leanabiachd,
Leadigibh e gu h-ainbhuin iad
Sna bha gall an amraiteas,
Bheoichibh e n' carbsa dhoibh.

Gach oun taobh n' teauntadh e,
B'e spiorad Naombh 'n comandar aig :
Cathichibh daoine na deabhnan ris,
Dhauntigibh iad na m' puinc.

Gado theichibh balagarean,
S'gu n' crubadh cealagaran ;
Bhiodh cridhe na muinter anbhuin ud
Mar raon arbhe fodhe dhruchd.

S'na h-ulle sgire na shaorich e,
Dhag e deorich aonranich ;
Tha malladh n' Ti neochaochlatach,
A dhosgail riabh a bheul.

Tha cuid dhiubh air leabidh acanach
Air na thauntadh m' bron seachad iad ;
Is e Iordan sgoltabh farsuing dhoibh,
Dha leachaches an cuis.

Air leabaidh thineas iarganich,
Na luidh araudh bhlianachan ;
Bha chourachd, fhoighdean s-fhialiachd,
Na dhiambherachd re mhor.

Tha sud a nis air dhi-chuine aig,
Truaigh na talmhean iochdrach ;
Oir riaghleadh e troigh shioriachd,
San Rioghachd s' ard glor..

Cur dian air a bhauntreach uasal aig
Is dean a chlann a chuarstachadh ;
A stigh fodh laimbh do bhuachalachd,
Gu uar is am a n' crich.

B' iad clann a ghlec 's na h-urnaigh iad,
Bulich a'n gras sen dubailt ore,
Mas caill iad beanachd cumhnant,
Ridh ni nach find an time.

S'an ouchd-ceud deug do bhlianachan,
Is tri-fichit, ach dha ri thian dhiubh ;
Dhoisich Arc na fionish ud,
Air Binn an shonais shioridh aig.

Ma tha mish doul a chocarachd,
Na m' buadhean bh-eir Ione Toisach dhuibh ;
Guidhibhs an Leadfhear trocarach,
Do-air seoladh chuig a fein.

A Gaelic Elegy to the Memory of Alexander Henderson, Achreimie, Reay.

Tha Pobull Mhearadh n'diugh fuidh ghruaim,
Is Acharemi na cuis truas ;
Dh-Armadall nuar theud iad suas,
Gar gort a n' gruaidh a shilladh ann.

Thuar mi naidhachd air dubh as bane,
Leubh mi i le moran craidh ;
Saundie uasal thord bhodh n' ait,
As an gluas a m' bas gu h-uille sinn.

Is e dheumadh neach gu chliu a luaidh
Giftean grasan agus truas ;
Oir bha air Saundie iomadh buaidh,
Bhos-cinn sluagh a ghinealachd.

Cha n'aindhe dhombh sa n' dha Dhuiche,
Neach do chardean nach bheal curt ;
Tha cuid dhiubh leont gus a chul,
Bhodh n'la cha n'uir tharis air.

Tha ainm sgaoilt deas as tuath,
Le oibribh caranas as truas ;
S'tha m' bearn mor a measg n' sluaigh,
Bho Bhruan thuath gu Scourie.

Bu duine leight e an a ghnuis,
Geur-rasgach na dha shul ;
A chridhe taomadh mach mar dhruchd,
Le luthse air taobh na h-eaglais.

Dh-oll e m-baine foulan fior
Og n' comun pobull Dhia ;
Bha sheasadh treun n' aobhair Chriost
Naighaidh rcultan sheachranach.

Ghluais E na Cainlearans bhodh n' ait,
Ruisg sud cuid do dh-iomadh strac ;
S' na h-ull fear tha ruidh na n' ait
Tabhart blas a bhais na theagasg leis.

Tha sgire Mhearadh sa mheadh n' rast
Sa moull agradh gur iad is fearr,
Oir is iad as lionmhor th-air an lar,
Na toradh ailt a chrionachd aig.

Rish an Ti aig a bheil a ghuit na laimh
Sa ghlanas urlar bhodh gach strabh ;
Cha seas na h-uill th-air a radh
Mar tha linn bhait's breanachadh.

S'na h-uille ath-leasachadh thanig riabh
Bho nior thos le spiorad Dhia ;
Cha d-arich E oult na rian,
Ach mar sgriobh E sios, na fhocal e.

Och tha conalich do shein ur,
Taomdh as na h-ulle taobh,
Is na huille neach nach dhor dhi cliu,
Bidh sleagh na thaobh gu h-aithghear ac.

Ach pillidh mis air ais mo dhan
Is bulichidh mi smuain na dha ;
Air a chuid as geur a cas,
Bho thug a m-bas a shealadh e.

Tha Athair lubadh ris an uir
Is a chridhe briste bruit ;
Sa bhrathrean uille air coul an luish,
Oir b-e n'ceann iull ans iomadh-ni.

Tha thruir phearaichean gorst a sas
Thor spiorad Iacob dhuine a n' rast ;
Roinn e na beanachdan air cach,
A reir a ghraidh na sheas iad aig.

Cha lean mi phuinc sho gus a chul,
Gad a tha mo bharant dlu ;
Cha bhris E fest a chuile a bhruite,
Sa n' caol smud is E leasachas.

Gu n' deonich E trocair do na chlann,
'S do na bhauntrach tha n' ceann,
Oir's gorst an corrachadh bhios ann,
Mar beir i teann air arachas.

Ann bhochd tha us gu tinne,
Is na cealagaran air do bhinn,
Biodh do choimhseas dhuits a sinn,
Gu milis beine na dhaidich u,

Bha e na pharant dhuit san ait,
'Fhritheal u gu leabaidh bhais,
B'e sho suidheachadh Righ na n'gras,
Mas deach tir no sall a chruthachadh.

San aon susdan is ouchd-ceud,
Da-fhicht is a naodhdeug ;
A rear a chountas fhalan fhior,
Cha a spiorad shioraidh dhachie bhuain.

Ma ni sibh tarchuis air mo dhan,
Eirbeachibh fein n'as fearr,
Oir fuiligidh mis mo chur a' bhan,
Gus an lar bho n' d' thug E mi.

Buaidh na Breacag Eorn.

Och mas cardain ionbain sibh,
Is e m-intean da ar taobh,
Sibh sheasibh ach an insine dhuibh
Mithlachdan fhir-chiul.

Gad tha tioman ann cho strabhartach
S'cho ardanach na 'n dul,
Is gur leor leo do Dhiadhachd,
Ma dheabh iad aium as cliu.

Tha nadar truailidh fiadhich aig
Mar each gun strian na churse,
Sa chridhe sauntach iargalt tha,
Ga riadhadh na h-ull a taobh.

Tha iognadh sholte gorrach aig
Suidhibh glor nach fiudh
'Sas tiodh iad na na locustan,
An t-all a dhag an triur.

S' iad sho dhag courstachan,
Na'n tighean curridh dlu
Le Eildearan neo-churamach,
Is luchd iul nach mor is findh.

Ach bear dhombhs an asich na
Na straiden-s air gach taobh
Dar thigibh ghaol na 'marnan,
Gu losgadh bradhad ciurt.

Na feidhean caul do na bhreacag ud,
Cha dheasachadh gu cure,
An an abhain theath na feirge sen,
Bha dlitheach dhomh bho thus.

Dha-nuadhichibh I a bheath dhomh
Th-air sheacibh an mo choun,
Is dhaisigibh I 'n tiom dhomh
Ga m- mhilludh fein cha chall.

Dar bhual I air na Midianich
S'na h' Amelich le cheill,
Leag I an cuid tentachan
Is chreach I iad gu leir.

Chur I claidheamh na h-uille fir,
An 'n-uchd a lebhrec fein,
Is cha bn dragh le Gidion,
Bhi marbhadh as a deidh.

Cannedh shibh gur anasach,
An teagaisg thig a dheigh
Peacadh bhi na mheadhen
Gu cur peacadh as a cheil.

Ma leabhas sibhs le tuigs e
Is gliocas mar is cor
Feuchibh nach dichuinich sibh
Briodh na breacag corn.

Is math a fhuar Elisha i
Na choisiachd fuidh bhron
N'uar choinich cathair na fanaid e ;
Is i lan do ghuillean og.

Mhullich e gu h-aichear iad
An an ainm an Ti tha beo,
Is mharbh na moidhean bhoirean,
Da-fhichead dhiubh as cor.

Ma thuigas sibhs na moidhean sho
Mar mhinich an fhirin dhomh sa
Is i n' dearbh te is sine a dhiubh,
Tha lionadh dhuibh na stoip.

Air cul a da shlinan tha
An gill bhodh a h-oig,
Gu busgach, briarach, siar-shullach,
A briordaradh rut le pog.

Ach foghlam us bho n' earb
Mas e is gu 'm bheal u beo
Tha i togal gaoth an t' shealagar,
Air cho falchidh is tha thoir.

Dean us as don fhasich gu
Ait na mnaoidh phoste,
'Sga thaom tull gu badhadh
Ni•t' aire's a cumal foidh.

Ma choidlas du basichidh du
Cho ciut sa tha u beo,
'Sga dhconich Iosa dhut aseridh
Their cach gu 'm bheil u broit.

Curidh Maois Deutronomi
Le ath-lagh an do dhorn,
Is cuinechedh du mili beanachdan,
Dhiom bullich u gu mor.

Is preisgidh na pharasich
An teagasg gu do leon
Is e their iad tean a null bhuain
Oir tha sinn naombh gu leor.

Is feuchidh a fior sholus dhuit
Gu'n do threig u ceille toig
Bhodh 'n dhuar u'n arbhar fimalt
Is ola is fion gu leor.

'Sga shill u deor an aithreachais
Mar fhrasan bhodh na neol
Cha dhor iad drop do mhathanas
Gu sioridh na do chor.

Ach feuchidh Gibht-an Athair dhuit
Cionas cha do leon,
Le peacadh gin na nathrach ud
Mheall Adhamh 's Eubha an tos.

Is dearcidh sul do chreididh air
San fhasioh air a pholl,
Fuidh dhath buidhe an treigidh
A fhulig E san fheol.

'S dar sheulas E do mhatheanas
Le roinn an doiman or
Is e their u mile beanachd aig
Is dhas gu ro a ghlor.

Oig air an fheil, Ruth air raon Bhaos.

Gu'm beanuich E sibh fein a chlann,
Ga'd tha 'n-edibh th air ar ceann
Feuchan dhomhs sibh bhi nar deann
Air feill an as-an gu ar call.

Nach ard a ghoil tha air an sluagh
Air feadh na rioghachd croin ma'n cuarst
Le fein is ardan saunt as cruas
Cur gu dimheas guth an Uain.

Ma dheisdeis sibh ris na rainn
Is e sho suim na their mi aunt
Choiscan a Slanifhear do chlann,
Crun as fear na th-air ar cheann.

Mas e tailteachd aobhair t uaill
Thig a'mbhas le fhaobhar fuar,
'Sga ruiteach ban an diugh do ghruaidh,
Ni 'nuagh do bhleath gu dust as luath.

Mas e do thursgadh bhi na's fearr
Na lion bhorachd air feadh an ait,
Sheall air Dibhas mar chath e lath
E'n diugh san dorrain shioridh sas.

Faic an tigh ost sen ri do thaobh,
Is dotachan gu leor na churst
Taomadh 'nanam mach na bhruchd,
Biadheadh fasan druim as bru.

Rinn Adonigah curm ro mhor
Mharbh e caorich as crodh gu leor,
Ri taobh na claich a mheall gach scors
Bha riabh a suidhibh a fein ghlor.

Nuar cha Righ ur chur air a chathair,
Sheud an Trumpaid 's chur i grabh air,
Threig na h-aoidhean e le cabhaig
'Srinn e buinn gu rionn na Halter.

Ma fhuar e fuaradh sen car uar
'Sann gu arach tuilleadh cruas
Dh iar e inchair an daradh h-uar,
Gu brath na Rioghachd stigh gu truaigh.

Fhuar e comhairle an Righ a b-uais,
E bhi ghuast gu direach stuaim,
Ach sann mar nathair dhun e chluais,
Gus na ghear an chlaidheamh e sios do 'n naigh.

Faic Felics e air chrith gu luath
Nuar sheirm a bhreathanas ri chluais,
Is ga do chur e chus ma 'n cuart
Gu la a bhais cha danig uar.

Bi glic ma-ta is tuig mo dhan
Is glac am-Bibull an do lambh
Dheachas an cunard th-ann an rasd,
Bhi leagal seachad la a ghras.

Scall ma 'nchuarst dhut air gach taobh
Is cuimhnich co a chruthich u,
Is bheir sin u fodh dheit as-ur,
Gu tutaim iosal air do ghluin.

Dean le cabhaig dhedh an straids
Ach a ruig u raon as blaith,
Air a bheil Ruth gu gniombhach ailt,
Lambhach diasan na saor ghras.

Bha I na sealladh fein air dheiradh,
Air gach gruagach bh-aig an fhoghar,
Ach dar ghabh Fear a raoin a roghain,
'S ish na honar rinn E thaghadh.

Tharuing e i do 'n-ular bhuallidh
Dhoatan beath na h-urnigh uangnach,
'S phaisg e an a h-uchd gu h-uasal
Na sea toisean ni mi luaidh dhuit.

Fhuar i coimhseas air a ghlannadh
Bhodh dhrugais Mhoab thruaill a h-anam,
Fhuar i creidibh, gaol is feagail
Minachd ishachd, is tior-ainuc.

Cait a m' bheil u Arasich dhubailt
Le do tharstair gniomh is urnigh,
U fein an dul gu n' dhoir u dulan
Ull a chlann a chumhnant ur sho.

Gad tha 'n croisean dubh is presach,
Tha 'm Fearposta geal as ruiteach
Cha dhor E strac na buill 'm feast dhoibh,
Ach gu nioman roine na's faisg dha.

Bha braithrean Ioseph dhe na bharail
Gu ma leath-bhreathach a 'm-penas,
Iads a chur an a 'm-priosan daighean,
Is cach gu leir dul dhachidh gaidhear.

Mar bha 'n cup airgiod fodh na cheangail
'S tric tha grasan ans an anam,
A sac as isle tha ris an tallamh
Sann na bheul a nitheir fheidhean.

Gu cinteach 's caomh leam sibh a chlann,
Ach fagidh mi sibh aig an am,
Do bhuaidh an Ti a rinn dhedh doill
Fianaisean dha fein 'san fhoun.

CRIOCH.

www.ingramcontent.com/pod-product-compliance
Lightning Source LLC
Chambersburg PA
CBHW021439090426
42739CB00009B/1555